Ulrich Gräff

Der sprechende Hase Hoppel
Ein Buch für erwachsene Kinder

Ulrich Gräff

Der sprechende Hase Hoppel

Ein Buch für erwachsene Kinder

Rediroma-Verlag

Bibliografische Information der Deutschen Nationalbibliothek:
Die Deutsche Nationalbibliothek verzeichnet diese Publikation in der Deutschen Nationalbibliografie; detaillierte bibliografische Daten sind im Internet über http://portal.dnb.de abrufbar.

ISBN 978-3-98527-561-8

www.rediroma-verlag.de
6,95 Euro (D)

Vorwort

Welche Rechte hat ein Hase? Nicht viele, so war es in der Zeitung zu lesen, denn der Hase gilt zwar nach Paragraf 90 a BGB nicht mehr als leblose Sache, aber die entsprechenden Vorschriften werden immer noch auf ihn angewandt. Das heißt: Er kann verkauft werden wie ein Auto, und man kann ihn sogar töten. Hier kommt zwar das Tierschutzgesetz zum Tragen, das regelt, wie die Menschen den Hasen zu behandeln haben – wirkliches Gewicht hat es freilich nicht. Das hätte es bekommen, wenn es Anfang des neuen Jahrtausends im Bundestag in den Verfassungsrang erhoben worden wäre; die CDU/CSU hat das verhindert, um in derselben Legislaturperiode dann doch noch zuzustimmen. Die ursprüngliche Frage, wie ein Tierschutzgesetz im Verfassungsrang in Konfliktsituationen zwischen Hase und Mensch das Interesse des Hasen an seiner persönlichen Unversehrtheit erhöhen kann, blieb unbeantwortet. Ebenso fehlt, aus gutem Grund, die Stellungnahme von Hoppel, dem sprechenden Hasen.

Dennoch - Elite-Hochschulen wie Harvard und Stanford bieten Kurse in „Animal Law“ an. Dort lernen die Studenten, wann Tierbesitzern

Schmerzensgeld zusteht oder ob Hunde ein Vermögen erben können.

In diesem Büchlein mögen solche Überlegungen implizit einfließen, doch ist die Wirklichkeit hier schon weiter. Hoppel ist gleichberechtigter Partner und zugleich Reflektor seiner Zeit, in der Beziehungen zwischen Tier und Mensch einen genauso hohen Stellenwert haben, wie Beziehungen von Mensch zu Mensch.

Frankfurt am Main, Januar 2022
Ulrich Gräff

Inhaltsverzeichnis

Die Ankunft

Die langen braunen Ohren bewegen sich im Takt des Knabberns an den saftigen Mohrrüben. Hoppel sitzt, wie so oft, in seinem Refugium und denkt an nichts Besonderes, denn bei der Familie Löffelmann und den beiden Töchtern Annette und Carolin fühlt er sich nach einer kurzen Eingewöhnungszeit sehr wohl. Von Bad Camberg, aus einer kleinen Tierhandlung, kam er in das Haus der Löffelmanns an den Michelsbaum. Hoppel hat ein gutes Gefühl, denn die kleine Carolin, mit ihren blauen Augen, hatte ihn schon in der Tierhandlung in ihr Herz geschlossen. Annette, die vier Jahre ältere Schwester, war mit Hoppel einverstanden. Auf den Namen Hoppel wurde er schon in der Tierhandlung „getauft". Damit war auch er einverstanden. Cäsar hätte ihm zwar besser gefallen, aber auch in einem Hasenleben kann man sich nicht alles aussuchen.

Schulschluss

Von der Schule müde und unwirsch, aber nicht zerschlagen, kommt Annette nach Hause. Hungrig zielt ihr Blick zum gedeckten Mittagstisch und schon ist sie wieder etwas versöhnt. Sie weiß, der Mensch ist im Grunde ein unversöhntes Wesen, so auch sie. Er sollte gut zu seiner Mutter Erde, zu seinen Eltern, gut zu sich selbst sein und gute Beziehungen zu seinen Mitmenschen pflegen. Das tut er nicht immer, weil dazu einiges an Disziplin und Einsicht erforderlich, aber nicht immer vorhanden ist. Versöhnung ist auch ein Verlangen, unsere Stimmung behaglicher zu machen und Besorgnis vor etwaigen schlimmen Folgen. Dennoch ist man oft mit sich selbst so sehr im Widerspruch, wie mit Anderen.

Annettes Physiklehrer erzählt im Physikunterricht nicht immer etwas über Physiksachen, denn er will seinen Unterricht ja auch locker gestalten – er habe einen Schäferhund, der ihn verstehen könne. Nach einer kleinen Pause antwortete ihm Annette, so erzählt sie immer noch etwas abgeschlafft, dass sie und ihre Schwester zu Hause einen Hasen hätten, der sie nicht nur verstehen, sondern darüber hinaus auch sprechen könne. Für Annette war diese Tatsache etwas ganz

Selbstverständliches, für die Klassenkameraden und vor allen Dingen für ihren Physiklehrer, etwas völlig Unvorstellbares. Ein Hase der sprechen kann? Wie konnte es dazu kommen?

Schulzeit

Der Vater hatte in seiner Schulzeit auch Physiklehrer. Einer davon war Reiner Heuft. Annette ist eine gute und vor allen Dingen, ehrgeizige Schülerin. Als sie ihre erste „4" von der Schule mit nach Hause brachte, weinte sie den ganzen Nachmittag und auch noch abends, als der Vater von der Arbeit nach Hause kam. Wie die meisten Männer, so erfasste auch er die Situation, stand sofort und ungefragt mit klugem Rat zur Seite. „Nur die Note, die du deinem Lehrer geben würdest", sagte der Vater, „kannst du bei ihm erreichen, allerdings nur, wenn du dir viel Mühe gibst. Sehr schwierig ist dagegen, eine bessere Note zu schreiben, als die, die du deinem Lehrer für seine Unterrichtsleistung geben würdest. Schlechter als „4" solltest du aber keinen Lehrer beurteilen, denn das wäre ungerecht."

Gerechtigkeit war immer das oberste Prinzip von Reiner Heuft, dem Physiklehrer des Vaters, und damit auch für ihn die gerechte Note. „Gut" hatte der Vater im Fach Physik in seinem Abschlusszeugnis. Wenn er sich Mühe gegeben hätte, was eben die Voraussetzung ist, um die Note zu erreichen, die der Schüler seinem Lehrer gibt, wäre die Note „sehr gut" in seinem Zeugnis zu finden, denn Reiner Heuft hatte vom Vater für seine schulischen Leistungen die Note „sehr gut" erhalten. Deshalb war es auch für ihn ein Glücksfall, dass Reiner Heuft nicht Ingenieur geworden war, woran er in seinen jungen Jahren auch gedacht hatte, sondern Lehrer.

Nach drei Jahrzehnten sah der Vater beim Klassentreffen auch Ingrid wieder. Sie war wunderschön. Der Vater hatte sie immer ein wenig geärgert, weil er sie gerne hatte. Was sich neckt, das liebt sich eben. Auch die alten Lieben Renate und Margit waren da. Von Annegret, mit der er das Klassentreffen vorbereitet hatte, erfuhr er, dass ihre einstige Freundin, die mit dem Vater in jungen Jahren einmal Schluss gemacht hatte, schon gestorben sei. Der Vater war damals in seiner jungmännlichen Ehre zutiefst getroffen und weinte einen ganzen Nachmittag bitterlich. Für ihn war dieses „Schluss-Machen" die erste bittere Niederlage in seinem Leben. Eine junge Frau, die mit einem jungen Mann Schluss machte – dies war bis jetzt in seiner Sozialisation noch nicht vorgekommen. Er kannte es nur umgekehrt. Später einmal, beendete Carolin eine ihrer „Ersten Lieben". Der Vater wies seine jüngste Tochter auf mögliche Traumata und schwere Folgeschäden im Leben des jungen Mannes hin. Carolin murmelte aber nur etwas von Problemen, die nicht die ihren seien. „Die armen Männer heute“, dachte der Vater. „Sie haben es heute mindestens genauso schwer, wie ich in meinen jungen Jahren – vielleicht sogar noch schwerer.“

Das Ritual

Annette und Carolin haben einen Vater, wie alle Mädchen einen Vater haben, nichts Besonderes, ein typischer Mann eben, wie man so sagt, dennoch einzigartig, wie jeder Mensch. Männer und somit auch Väter, tun viele Dinge, die Frauen und damit auch Mädchen, nur sehr schwer verstehen können. Deshalb fühlen sich auch die meisten Männer unverstanden. Eines Tages tritt er vor seine Familie, um ihr etwas ganz Wichtiges zu verkünden. Wie immer hat er sich dafür einen günstigen Zeitpunkt ausgesucht, an dem ihm auch alle Familienmitglieder zuhören müssen. Dieser Zeitpunkt ist das Frühstück am Samstagmorgen. Es ist der einzige Tag in der Woche, an dem der Hase Hoppel, die vier Löffelmanns und auch noch das Meerschweinchen in einem Raum zusammen sind. An diesem Morgen verkündet der Vater in einem sehr wichtigen, dennoch bedächtigen Ton, was ihm auch für seine Familie wichtig erscheint – an diesem Tag tatsächlich etwas nicht Alltägliches. Hoppel hat ihm Freitagnacht erzählt, dass er lieber Cäsar anstatt Hoppel getauft worden wäre. Jedes Kind fragt sich einmal, warum es so heißt, wie es heißt. Aber, dass ein Hase sich darum Gedanken macht und dies auch noch erzählt, es, nach Aussage des Vaters, erzählen kann? – denn Tiere können ja nicht sprechen. Von daher ist es schon angebracht, dass der Vater an diesem Samstagmorgen sein 'wichtiges' Gesicht aufgesetzt hat. Auch der Ton, in dem er dies sagt, um nicht zu sagen verkündet, ist für diesen bedenkenswerten Vorgang angemessen. Oder hat der Vater am Abend davor zu tief in das Weinglas geschaut? Oder hat er vielleicht mit seinem Nachbarn Uwe, der sich im Gegensatz zu vielen seiner Mitmenschen nicht über schwaches Gedächtnis, sondern über schwachen Verstand anderer beklagt, zu viel Bier auf der Gartenmauer getrunken? Fragen über Fragen an diesem Samstagmorgen.

Mit seinem Nachbarn Uwe erörtert der Vater äußerst wichtige Themen. Auch Methoden zum Management komplexer Problem-Situationen kommen dabei zur Anwendung, wie auch selbstbezogene komparatistische Ansätze. Was der Unterschied zwischen ihm und Nietzsche sei, fragt der Vater eines Tages seinen Nachbarn. Hier muss dieser passen, was äußerst selten vorkommt. Nachdem Uwe sich auch keine Bedenkzeit zur Klärung dieser Frage ausbittet, beantwortet der Vater sie. Nietzsche war von der Größe und Einmaligkeit seines Lebenswerkes und seines Schaffens so überzeugt, dass er davon ausging, nach einem Zeitraum von etwa zweihundert Jahren nach seinem Tod heilig gesprochen zu werden. Seine Werke seien so revolutionär, dass der Staat sie über einen Zeitraum von etwa hundert Jahren verbieten und in den nächsten hundert Jahren die Menschheit die große Bedeutung erkennen würde. Bei dem Gedanken daran, so ist es von einem Zeitgenossen überliefert, überkam ihn Angst. Der Unterschied zwischen ihm und Nietzsche sei, führt der Vater weiter aus, er würde sich bei dem Gedanken an seine eigene Heiligsprechung, die allerdings etwa fünfhundert Jahre oder noch längere Zeit in Anspruch nehmen könnte, nicht ängstigen.

Beim Bäcker

Gebetsmühlenartig geht der Vater jeden Samstagmorgen Brötchen kaufen, die ja notwendigerweise Voraussetzung für seinen Auftritt am Wochenende in der Familie sind. Genauso trägt er dann, wie schon unzählige Male davor, sieben Milch- und sieben Kaiserbrötchen, zweimal sieben Roggenbrötchen und zwei Krustibrötchen aus dem Laden – acht Euro und siebzig Cent.

„Das gleiche wie immer, sieben, sieben ... ?“, hört einmal der Vater verwundert die Frage der Verkäuferin. „Ja!“, antwortet er noch immer etwas verdutzt. „Dann müssen Sie mir auch nächsten Samstag acht Euro siebzig sagen, damit ich nicht mehr zu rechnen brauche.“ Er hört sie dann noch ein schönes Wochenende sagen und verlässt verwundert den Laden. „Letzte Woche habe ich Sie vermisst!“, trifft ihn an einem weiteren Wochenende völlig unerwartet die Botschaft der jungen Verkäuferin. Wiederum etwas unbeholfen und ein wenig verlegen, murmelt er etwas von am letzten Wochenende unterwegs gewesen zu sein.

Manchmal, schon Freitag abends, freut sich jetzt der Vater auf den Brötcheneinkauf. Wenn er die Verkäuferin nicht hinter der Ladentheke sieht, wird er ganz unruhig und freut sich, wenn sie dann doch noch zwischen den Regalen auftaucht und ihn mit einem freundlichen „Hallo“ begrüßt.

Hoppel beginnt über diese Dinge nachzudenken. „Vertraut machen“, die Szene mit dem Fuchs aus dem Kleinen Prinzen fällt ihm ein. Der Vater kommt immer zur selben Stunde und kauft fast immer die gleiche Menge Brötchen, ein fester Brauch also. Auch je mehr der Vater über diese Szene nachdenkt, desto klarer wird ihm, welche einzigartige Frau er zu Hause hat, so wie es dem Kleinen Prinzen beim Anblick des großen Rosenfeldes einfiel, welche einzigartige Rose er auf dem kleinen Planeten in seiner Heimat hat. „Man sieht nur mit dem Herzen gut. Das Wesentliche ist für die Augen unsichtbar“, sagte der Fuchs zu dem Kleinen Prinzen als sich die beiden voneinander verabschiedeten. Der Vater weiß auch von seiner Frau, dass er immer wieder zurückkommen muss. Denn dort, wo er hin und wieder war, konnte er nicht verletzt aber auch nicht geliebt werden. Es gilt nicht die Mythen der Liebe zu entziffern, sondern an ihnen nicht zu ermüden. Die beiden wissen aber auch, dass Abwesenheit mittelmäßige Liebe vermindert, wie der Wind Kerzen ausbläst, große aber vermehrt, wie er starke Flammen entfacht.

Stammtisch

Einmal im Monat, jeweils der erste Dienstag, fährt der Vater zur *Sachsenhäuser Warte* zu seinem Stammtisch. Er nimmt, wie auch einige andere seiner Stammtisch'ler, nicht jeden Monat teil, aber nur wenn ein wichtiger Grund vorliegt. Damit dennoch alle mit Informationen versorgt sind, schreibt der Vater am nächsten Tag eine E-mail an die Stammtisch'ler.

„Mach's morgen", hatte mir Jürgen Rosenau, gestern Abend nach dem Stammtisch, bevor wir uns an der U-Bahn verabschiedet hatten, mit auf den Weg gegeben. „Dies lasse ich mir natürlich nicht zweimal sagen", dachte ich heute Morgen. Unter dem „Mach's morgen" hatte Jürgen das Schreiben dieser E-mail verstanden, was ich hiermit auch getan habe.

Ihr könnt es schon ahnen, gestern war kein gewöhnlicher Stammtisch, gestern haben sich zwei wichtige Dinge zugetragen. Christa, Dietmar, Jürgen und ich saßen, so wie es sich an jedem ersten Dienstag im Monat gehört, in der Sachsenhäuser Warte zusammen. Es begann wie immer und verlief auch so eine ganze Weile. Dies muss ich nicht weiter aufführen, es ist euch ja allen bekannt. Die Wende kam als Dietmar wie aus heiterem Himmel einwarf, dass wir nie über die Vergangenheit, also über früher, reden würden, sondern immer nur über die Zukunft. An sich ja nichts Schlimmes, dennoch hatte er recht und wir stutzten, um nicht zu sagen, wir hielten nachdenklich inne.

Alle Nöte und Schwierigkeiten haben einen Ursprung. Sie sind die Folge unseres ungeduldigen Bemühens, das Los unserer Mitmenschen zu verbessern. Alle diese Schwierigkeiten sind die Begleiterscheinung einer Bewegung, die vielleicht die größte aller moralischen und geistigen Revolutionen unserer Geschichte darstellt, die vor dreihundert Jahren begann: Es ist das Bestreben ungezählter Menschen, sich von der Herrschaft der Autorität zu befreien. Es ist der Versuch, der die absolute Autorität des bloß Vorhandenen und des bloß Traditionellen ablehnt, jedoch alte Traditionen zu erhalten sucht und neue zu entwickeln, welche der Forderungen von Freiheit, Menschlichkeit und vernünftiger Kritik entsprechen. Es ist die Weigerung, sich passiv zu verhalten und die Lenkung der Welt einer menschlichen oder übermenschlichen Autorität zu überlassen. So ging es in meinem Kopf herum. Dann sagte ich:

„Aufklärung", schreibt Kant, "ist der Ausgang des Menschen aus seiner selbstverschuldeten

Unmündigkeit. Unmündigkeit ist das Unvermögen, sich seines Verstandes ohne Leitung eines anderen zu bedienen. Selbstverschuldet ist diese Unmündigkeit, wenn die Ursachen derselben nicht am Mangel des Verstandes, sondern der Entschließung und des Mutes liegt, sich seiner ohne Leitung eines anderen zu bedienen. Habe Mut, dich deines eigenen Verstandes zu bedienen, ist also der Wahlspruch der Aufklärung.“ Dennoch sind wir oft nicht stark genug, unserem Verstand ganz zu folgen. „In meinem Berufsleben hatte ich zwei Vorgesetzte, die mich besonders ermunterten, mich meines eigenen Verstandes zu bemühen: Armin Gutsche und Dietmar Kaletsch.“ Nun war es raus – das was ich Dietmar schon lange einmal sagen wollte – gestern Abend habe ich es gegenüber ihm ausgesprochen.

Aus diesem Grund war der gestrige Stammtisch kein gewöhnlicher Stammtisch, sondern ein äußerst wichtiger Abend. Weiter stellten wir fest, es sei ungewöhnlich, dass unser Stammtisch nach einer so langen Zeit noch bestehe. Dietmar führte dies unter anderem auch darauf zurück, dass wir alle vor Jahr und Tag doch eine spannende Zeit miteinander verbracht hätten. Wir stimmten wortlos nickend zu. Damit waren wir auch schon wieder in der Gegenwart und in der Zukunft angekommen.

Ansonsten werden viele Themen, von *eEPKs* bis *MindMapping*, diskutiert, abgewogen und kommentiert. Um die Bedeutung und Wichtigkeit des Stammtisches hervorzuheben, diskutieren die Stammtisch'ler auch die Gründung eines Stammtisch-Vereins. Es müsste eine Satzung erarbeitet werden, eine Vereinszeitung könnte herausgegeben und dabei auf altbewährte Instrumente und Rezepte zurückgegriffen werden. In den Texten der Vereinszeitung könnte auch die sogenannte Fußnote Verwendung finden. Immer wenn die Leser, und natürlich auch die Leserinnen, eine der Fußnoten sehen, würde ihnen damit erzählt, wie der Text entstanden ist, warum dieses Thema behandelt wird und ob die Autoren beispielsweise Sakkos während der Entstehung des Textes getragen haben oder nicht – aber nur, wenn es in diesem Zusammenhang bedeutend ist. Sollte ein wichtiger Mensch bei der Erarbeitung des Textes beteiligt gewesen sein, würde dies auch in der Fußnote vermerkt werden, ob der Hemdkragen zu eng war oder nicht. Auch hier gilt das Prinzip: „Wenn es wichtig ist!“

Der Traumweg

Am Ende einer Dienstreise, freitags vor dem Fastnachtswochenende, setzt ein Mitarbeiter des Vaters ihn in Limburg an der Lahn bei den Pallotinerinnen im Kloster ab. Ein gutes halbes Jahr war er nun schon sein neuer Vorgesetzter. Er hatte sich ein Bild von dem Vater gemacht; jetzt wurde es angereichert oder verändert. Er wünscht ihm ein schönes Wochenende, wenn auch mit einem fragenden Blick. Was der Vater an diesem Wochenende in Limburg machen würde, weiß er ja selbst nicht so ganz genau. Er würde ein Traumseminar besuchen, im Zeichen des Lebensbaumes. Es sollte der Beginn seines Traumweges werden.

Die Mutter des Vaters wuchs in unmittelbarer Nähe zu einem Kloster auf, in dem junge angehende Priester ausgebildet wurden. Als der Vater als kleiner Junge zu Besuch im Elternhaus seiner Mutter war und vor der Haustür auf der Eingangstreppe saß, spazierten junge, fröhliche Männer, eben angehende Priester, an ihm vorbei: „Grüß Gott!“, rief er ihnen stolz zu, in Erwartung einer Antwort, die auch prompt kam. „Grüß Gott!“, erwiderten sie ihm freundlich.

Der Vater ist neugierig auf das Kloster der Pallotinerinnen in Limburg und auf den evangelischen Theologen, der an diesem Wochenende in einem katholischen Kloster ein Traumseminar leiten würde. „Grüß Gott!“, hört er sich wieder, wenn auch im übertragenen Sinne, sagen. „Grüß Gott!“, ist, ebenfalls im übertragenen Sinne, auch die Antwort, die von Helmut, dem Theologen, kommt. Der Vater lernt einen jugendlichen 60er und heiteren Menschen kennen, wenngleich die Last, die auch er zu tragen hat, ihm nicht verborgen bleibt. „Der Durchbruch zu Gott, also der Kampf gegen das konkrete Übel, erfordert große Anstrengungen“, der Spruch eines Philosophen kommt dem Vater in Erinnerung. Auch schöne Gedanken an seine lebenslustige Großmutter werden in ihm wach, die ihn bis zu seinem 12. Lebensjahr begleitet hatte. Er hat seine Kindheit wieder entdeckt.

„Wahrnehmen, wahrhaben, wahrmachen“, hört der Vater Helmut sagen. „Wie wahr“, denkt er. „Wenn es so weit ist und wir vor Petrus stehen, sollte die Seele groß, rund, schön und ganz sein“, eine andere Aussage von Helmut. Und wenn nicht, ergänzt der Vater für sich das Bild, dann sagt ihm Petrus, er müsse eine Ehrenrunde drehen, wie beim Biathlon, wenn die Sportler vorbeigeschossen haben. Er hat ein neues Bild für das Ende seines Lebens gefunden.

Im Klosterkeller bei Bier und Wein, führt er mit lieben Menschen schöne Gespräche. Sein Lieblingsthema „Strukturwandel“ und welchen Einfluss dies auf die Menschen und speziell auf diejenigen Menschen hat, die wie er in der Datenverarbeitung tätig sind, werden auch angesprochen.

Der Vater beschäftigt sich mit vielen Themen und geht Fragen nach: Wie ist das Wirtschaftssystem so geworden, wie es ist? Demokratie in Deutschland als Staatsform mit einer fast ausgewogenen Gewaltenteilung. Wie sieht es mit der Demokratie als Lebensform heute aus? Bei der Recherche nach den verschiedenen Führungsformen kam er zurück auf die Bibel. In *Exodus*, Kapitel 18, Vers 21, rät Jitro seinem Schwiegervater Mose zu einer Stab-/Linien Führungsstruktur, um ihn (Mose) beim Richten über Streitfälle zu entlasten. Bei seinen weiteren Forschungen las er auch in *Genesis*, Kapitel 1, Vers 27 u. 28, etwas von: „Macht euch die Erde untertan.“

Was aber lässt der Mensch heute mit sich in den Unternehmen geschehen. Rupert Lay, Jesuitenpater und zwangsemeritierter Professor der Philosophischen Hochschule in Frankfurt am Main widmete ein ganzes Buch den vielen selbstlosen Opfern von Staaten, Kirchen und Unternehmen. Opfer solcher Institutionen wurden und werden so viele Menschen, die in gutem Glauben sich in den vermeintlich guten Dienst der Sache einer Institution stellen, ihr gar ihr Leben schenken. Er begegnete unzähligen Menschen, die sich dieses Selbstmordes an Kirchen, Staaten und Unternehmen auch noch rühmten, obschon sie darüber als Persönlichkeiten verkümmerten. „Sie verloren dabei das eigene Leben und ersetzten es durch ein Leben aus zweiter Hand, das eines Systemagenten. Die Weisen des Miteinanders in Institutionen greifen auch über ins Private und die Moral schweigt zu diesem Prozess der Entmenschlichung."

Dies hat wenig mit dem Auftrag zu tun: Macht euch die Erde untertan. Wo sind unsere Schutzengel, Gottes Boten geblieben, die, wie Helmut es beschreibt, Geborgenheit geben? Wir rufen sie nicht mehr aktiv herbei, um unsere Schritte engelwärts zu lenken. Es geht nicht darum den Verstand an den Nagel zu hängen, wie Helmut weiter schreibt, sondern es geht um Herz und Verstand. Es geht um die Synthese zwischen Glauben und Religion, zwischen Gedanken und Philosophie, zwischen Erfahrung und Wissenschaft. „Das Dringlichste ist", sagt Jonas, „die Notwendigkeit einer Ethik der Erhaltung und Abwendung, nicht des Fortschritts und der Perfektion". Der Vater fügt hinzu: der Vor-Sorge.

Der Mensch ist frei. Wenn es keine Freiheit gibt, gibt es keine echten Menschen. Warum muss der Mensch frei sein? Nicht nur um der Freiheit willen. In *Mario und der Zauberer*, einer Novelle von Thomas Mann, lässt der Hypnotiseur die Anwesenden tanzen. Ein Mann sagt, dass er nicht tanzen wolle, hat aber keinen positiven Wunsch und beginnt aus diesem Grunde irgendwann zu tanzen, obwohl er es nicht will.

Der Mensch ist in der Lage, sich und seine Umwelt zu verändern. Das setzt die Fähigkeit voraus, mit Unsicherheiten und Abhängigkeiten umgehen zu können, mit Träumen und mit Engeln. Seit dieser Zeit verfolgt der Vater seinen Traumweg, teilt mit und teilt seinen Traumweg mit anderen Menschen.

Karlheinz‘ Geburtstag

Hoppel sitzt auf dem Beifahrersitz des Autos der Löffelmanns und ist ganz gespannt auf Rödern, den kleinen Ort im Hunsrück, wo der Vater von den beiden Mädchen geboren wurde und aufwuchs. Einiges hatte er schon vom Hunsrück gehört, auch von Gräfe Karlheinz, zu dessen Geburtstag sie unterwegs waren. Sechzig Jahre wird Gräfe Karlheinz heute alt; so alt wird kein Hase.

Der Vater hat Karlheinz ein kleines Päckchen zum Geburtstag zurecht gemacht und eine Karte mit dem folgenden Inhalt geschrieben:

Lieber Karlheinz,

als wir uns das letzte Mal gesehen haben, es war der 50. Geburtstag von Johannes, habe ich mich zu deinem heutigen runden Geburtstag quasi selbst eingeladen. Es wäre für dich sehr schwer gewesen, mich wieder auszuladen, denn es hätte deiner Erziehung widersprochen. Da auch ich eine Erziehung genossen habe, fragte ich mich anschließend, was schenkst du denn Karlheinz zu seinem Ehrentag, denn ein Geschenk muss ja sein.

Mein erster und auch ganz ernsthafter Gedanke war, Dir eine Live-Trompeten-Aufführung zu schenken. Ich hätte natürlich viel üben müssen, doch leider ging dies nicht, weil sich eine Wunde am Zahn mit dem Verheilen viel Zeit lässt und ich den nötigen Druck im Mund noch nicht aufbauen kann. Mein nächster Gedanke war, Dir ein Flötenständchen zu bringen. Flöte Spielen habe ich nie ganz aufgegeben und konnte bei meinen Kindern, zumindest als sie noch kleiner waren, große Bewunderung ob meiner Spielkunst entlocken. Auch hatte ich an anderer Stelle damit Erfolg. Als ich meine Garage baute, kam meine Nachbarin zu mir und wir plauderten über dies und jenes, so auch über das Musizieren. Sie bewundere Menschen, die ohne Noten fehlerfrei spielen können. Ich sagte ihr, dass ich damit auch sofort mit der Flöte und dem Lied „Stille Nacht, Heilige Nacht“ dienen könne. Dies erschien ihr, zumindest auf meine Person bezogen, unmöglich. Um dem Ganzen die nötige Wichtigkeit zu verleihen, haben wir eine Wette um eine Flasche Sekt abgeschlossen. So kam es dann, dass ich am frühen Nachmittag in den Sommerferien in meiner Maureruniform fehlerfrei und ohne Noten das besagte Weihnachtslied spielte. Sie hatte sich sehr gefreut und ich natürlich auch. Die Flasche Sekt haben wir später in einem feierlichen Rahmen getrunken.

Ein Geburtstagsständchen mit der Flöte kam dann für deinen Jubeltag auch nicht in Frage. Ich kann es nicht rational begründen, dennoch der Entschluss stand fest. Was nun? Ja, dachte ich mir, dann schreibst Du Karlheinz eine Geschichte.

Hier ist sie also, eine von mehreren Geschichten vom sprechenden Hasen Hoppel, in der er von deinem sechzigsten Geburtstag berichtet.

Zu deinem runden Ehrentag wünsche ich dir weiterhin alles Gute, vor allem Gesundheit und dass wir noch viele Geburtstage miteinander feiern können.

Von der B50 aus kann Hoppel den Ort Rödern schon sehen. Eine offene Landschaft, schön und nicht in einem tiefen dunklen Tal gelegen. „Dann müssen hier auch offene Menschen leben“, denkt Hoppel. Eine Gegend, die auch für einen Hasen sehr gut geeignet wäre.

Sie fahren langsam in den Ort hinein, am früheren Transformatorhäuschen vorbei. Steffes Hein wohnte lange in dem Haus gegenüber. Früher erzählte er und Winne August abends im Sommer Geschichten vom Krieg. „Für uns Kinder“, so erzählt der Vater, „waren diese sehr spannend, verbunden mit einer hohen Erzählkunst.“ Für Steffes Hein und Winne August hatten die

Geschichten vom Hühnerstehlen, wie sie den Spieß im Feldlager drangekriegt und andere „hochdramatischen" Kriegserlebnisse, wahrscheinlich die Funktion, ihre schlimme Kriegszeit zu bewältigen. Denn wie man heute weiß, ist das Geschichtenerzählen ein wichtiges Mittel, um seine Identität zu gestalten und zu festigen. An *Winne Pädche*, ein kleiner Fußgängerweg zwischen den Häusern von *Steffes* und *Winne*, hält der Vater plötzlich an, steigt aus und sagt Schreiner's Ferd guten Tag. Er heißt mit Familienname Kuhn und mit Vornamen Ferdinand, wird aber Schreiner's Ferd genannt, weil er aus der Handwerkszunft der Schreiner stammt. Steffes Hein und Winne August hießen aber tatsächlich mit Nachnamen Steffen beziehungsweise Winn. Die Frage, warum der eine mit Nachnamen genannt und für andere ein Bezug zum Beruf hergestellt wird, kann der Vater, entgegen seinen sonstigen Gepflogenheiten, nicht beantworten.

Schreiner's Ferd und der Vater hatten sich lange nicht mehr gesehen. Ferd ist schon achtzig oder vielleicht auch schon etwas darüber, sieht aber noch nicht so alt aus, ist noch klar im Kopf, obwohl er zeitlebens immer nur unklar sehen konnte. Seine Maria war nun schon seit einigen Jahren tot. Er käme gut zurecht, sagt er. Gut ist hier relativ zu sehen. Ferd und der Vater sind sich einig, dass das Leben eine der härtesten Veranstaltungen sei und wenn die Frau dann nach so viel Jahren nicht mehr da ist, wird es auch nicht einfacher. Während sie weiterfahren, geht Ferd nach Hause, um einem seiner alten Hobbies nachzugehen; er füttert seine Hühner und Hasen.

Vor dem Haus von Gräfe Karlheinz angekommen, kann Hoppel ein Gespräch von zwei Männern, die mit Sicherheit nicht aus dem Hunsrück sind, in dem es um die große Politik von Schröder, Stoiber & Co. geht, kurz mit anhören. Es ist ein wenig von dem Hochmut geprägt, dass die Unzulänglichkeiten immer bei den anderen zu finden seien. Man selbst könne es wahrscheinlich besser, wenn man nur mal rangelassen würde, so die unausgesprochene Prämisse. „Das Leben verläuft nicht immer so, wie wir es gerne hätten“, denkt Hoppel, „es ist auch selten gerecht.“ Es ist das Christentum, das die Einsicht des Sokrates, die seinen Zeitgenossen als Skandal erschien, für zwei Jahrtausende zum Allgemeingut gemacht hat: die Einsicht, dass Unrecht tun für den Täter schlimmer ist, als Unrecht erleiden. Wir sind immer selbst der Kapitän unseres eigenen Schiffes, es erfordert die Arbeit am eigenen Charakter und ist noch schwieriger als die Entwicklung intellektueller Fähigkeiten.

Es sind alle da, auch der Musikverein, in dem Karlheinz schon seit Jahr und Tag aktives Mitglied ist, spielt. Der letzte Geburtstag, den der Vater in Rödern gefeiert hatte, war der fünfzigste Geburtstag seines Bruders Johannes, den Karlheinz auch mitgestaltet hatte. Die Dreierrunde, Karlheinz, Johannes und der Vater beschlossen ihn auch. Zwischendurch waren einige Menschen da, die gratulierten, auch Franze Gerd und der Josef. Karlheinz und der Vater hatten sich während des Geburtstagabends über viele Dinge unterhalten, so auch über Zeit, die an sich nichts sei. Dennoch geht der Zeit nach keine Erkenntnis in uns vor der Erfahrung vorher und mit dieser fängt alles an. „Zeit“, so hatte Kant schon gesagt, „ist eine notwendige Vorstellung, die allen Anschauungen zugrunde liegt.“ Die Beiden gingen anschließend in seliger Weinstimmung Arm in Arm ein Stück des Weges und versprachen sich gegenseitig das interessante Gespräch fortzusetzen. Die Wurzeln lägen in Rödern. „Ist das nicht phantastisch?“, hatten sich Karlheinz und der Vater an diesem Abend einige Male gegenseitig zugesprochen. „*Geheischnis!*“, sagten beide noch, darüber müssten sie auch einmal philosophieren. Über Geheischnis hat der

Vater schon oft zu Hause gesprochen, ohne dass Hoppel sich davon ein Bild machen konnte. Im Duden und auch im Fremdwörterduden konnte er dieses Wort nicht finden.

Den Geburtstagsnachmittag von Karlheinz empfindet Hoppel als sehr gemütlich. Die Menschen dort sind anders als diejenigen, die er bis jetzt kennen gelernt hatte. Eine nicht übertriebene Fröhlichkeit liegt im Raum; so empfindet es Hoppel zumindest. Als er so über die Röderner nachdenkt, dämmert es ihm. Geheischnis – er kann sich nun etwas unter diesem Wort vorstellen, das auch er noch nicht mit einigen Worten erklären kann. Geheischnis kann man nur mit vielen Sätzen beschreiben, besser jedoch ist es, wenn man es in Rödern erlebt hat.

Fahrt zur Insel der Heiterkeit

Im Bordrestaurant der Fähre, die von Dagebüll über Wyk auf Föhr nach Wittdün auf Amrum unterwegs ist, haben die Löffelmanns an einem Sechsertisch Platz genommen. Durch das Fenster sieht Hoppel zum ersten Mal die Nordsee, die ruhig und beruhigend vor ihm liegt. Von weitem kann er schon die grüne Insel Föhr sehen.

Für die Aufnahme der Bestellung des Kellners muss sich der Vater nicht mehr orientieren. Er pflegt zu solchen Gelegenheiten ein helles Hefeweizenbier zu trinken. Hoppel schaut in die Speisekarte und bemerkt dabei FieteFöhr, den Inselführer der Föhr-Amrumer-Dampfschiff-Reederei. FieteFöhr ist schon etwas erstaunt, man könnte es auch als neugierig bezeichnen, als er Hoppel erblickt. Normalerweise erklärt FieteFöhr den Passagieren die Inseln Föhr und Amrum, gibt Auskunft über die Inseldörfer und den Umweltschutz im Wattenmeer. Jetzt interessiert ihn jedoch Hoppel, woher er komme und wohin er wolle. Hoppel erzählt ihm von der nicht übertriebenen Fröhlichkeit, die er in Rödern erfahren hatte und er sei jetzt auf einer Entdeckungsreise zur Vertiefung dieser Erfahrung. „Das ist sehr interessant“, sagt FieteFöhr, „Vertiefung gemäßigter Fröhlichkeit?“, sinniert er weiter und sucht ein anderes Wort dafür.

Begriffe wie Heiterkeit, Lebenskunst, Gelassenheit scheinen in Vergessenheit geraten zu sein. Doch woher stammen sie? In der Antike ist Heiterkeit eine gewählte und enthaltsame hergestellte Haltung, verbunden mit einer bestimmten Sicht der Dinge. Sie ist eine vom Selbst bewusst vorgenommene, maßvolle Disposition des Gemüts. Demokrit sagte schon, dass Heiterkeit aus einem maßvollen Umgang mit Lüsten aus dem „Leben im Gleichmaß“ sei, das richtige Maß zwischen dem Zuviel und Zuwenig. „Was uns oft hindert einem Laster nachzugehen ist, dass wir mehrere haben“, gibt jedoch FieteFöhr zu bedenken. Dennoch vermeidet ein Leben mit dem richtigen Maß Übelgesinntheit und Missmut. Sie treten nicht ein, wenn man grundsätzlich annimmt, dass ohnehin nichts reibungslos vonstatten geht. Dies gilt auch für den Umgang mit Menschen. Wer sich mit Hilfe asketischer Einübung daran gewöhnt, Eigenarten und Merkwürdigkeiten Anderer als gegeben hinzunehmen, der erreicht anstelle von Missmut Wohlgestimmtheit. Seneca bemerkt, die Grundlage der Heiterkeit sei das Festgefügtsein der Seele, die mitten im Sturm die Balance zu halten vermag und frei ist von ängstlicher Sorge.

Die Selbstmächtigkeit, die sich vor allem in der Fähigkeit zum Lassen all dessen, was „nicht in der Macht ist“, beweist, lässt das Selbst stark genug werden, um auch schwach sein zu können. Mit kluger Sorge bemüht es sich um größtmögliche Offenheit gegenüber Anderen und Anderem. Dies aber kann nur erreicht werden, wenn man sich zunächst über sich selbst klar wird, sich Rechenschaft ablegt über die Eigenheiten, die man mitbringt und füglich zu beachten hat, um nicht Unangemessenes von sich selbst zu erwarten. Um das Verhältnis zu sich selbst zu stärken, bedarf das Selbst, wie Seneca schreibt, zudem der Freunde, deren Heiterkeit Schwermut zerstreut und deren Anblick allein schon freut, ein Anblick, der nicht nur auf äußerlicher Schönheit beruht. Wichtig ist des Weiteren, nicht an irgendwelchen Besitz sein Herz zu hängen, denn um Besitz muss der Mensch sich kümmern, um ihn muss er fürchten, unentwegt ist er mit ihm beschäftigt und auf diese Weise von ihm besessen, während es doch darauf ankommt, sich selbst zu besitzen.

Die ganze Lebensweise sollte maßvoll eingerichtet sein, denn ein solches Leben bietet weniger Angriffsfläche für Attacken des Schicksals. Viele Stürme fallen nur über diejenigen her, die ihre Segel zu weit ausspannen. „Die Unerschütterlichkeit der Weisen ist nichts anderes, als die Kunst, Stürme im Herzen verschlossen zu halten“, fügt Hoppel noch hinzu. Das selbstmächtige Selbst ist auf alles vorbereitet und hegt keine Illusion über ein Leben in zarter Unberührtheit. Keine Angst vor dem Tode sollte es haben, weil der Tod bereits mit der Zeugung beschlossene Sache war, eine Bedingung des Lebens.

Heiterkeit, so Plutarch, sei ein Leben ohne Reue zu führen. Sie wäre schlimmer als aller Kummer über das Schicksal, das nicht in unserer Macht steht. Es ist die Reue, die mit ihren Stichen gleichsam der Seele Blut abzapft. Heiterkeit erwächst mit der Realisierung des Schönen, das keine Reue nach sich zieht; und so erst wird das ganze Leben zum Fest.

Es ist eine phänomenale Erfahrung, dass sich die Heiterkeit gerade in der Konfrontation mit der Abgründigkeit der Existenz einstellt. Gerade dann, wenn das Leben schwer wird, ist die Heiterkeit als Erleichterung zu entdecken, die sich dadurch auszeichnet, die zugrunde liegende Tragik nicht zu leugnen. Gerade dort, wo es ein Bewusstsein für die Unaufhebbarkeit der Abgründigkeit gibt, und nicht der Glaube an den Fortschritt bis hin zu dereinst herrschenden paradiesischen Zuständen vorherrscht, kann sich Heiterkeit entfalten. Die erneuerte Heiterkeit kann man als Skepsis des Selbstes beschreiben, das sich darum bemüht, Distanz zu den Dingen und zu sich selbst zu bewahren, skeptisch gegen die Gewissheit, ohne unter der Ungewissheit übermäßig zu leiden. Verschwistert ist die Heiterkeit mit der Ironie, nicht jedoch mit dem Spott. Ironie ist das Korsett des positiven Pessimisten. Sie ist verhalten und kein Gelächter, sondern Ausdruck einer aufgeklärten Aufklärung, ein ernsthaftes, dem jeweiligen Subjekt selbst überlassenes Projekt.

Das Gespräch zwischen FieteFöhr und Hoppel verläuft anders als sonst. Eine Ursache, dass man bei Konversationen so wenig reife und unterhaltende Partner findet ist die, dass man fast immer mehr zu denken pflegt, was man sagen, als an das zu denken, was man treffend antworten will. Die Feinsten und Gefälligsten begnügen sich, die Miene der Aufmerksamkeit zu machen, während man in ihrem Auge und Geiste Verwirrung von dem, was man sagt und plötzlichen Rückfall auf das bemerkt, was sie sagen wollen. Man spricht wenig, wenn die Eitelkeit nicht vorsagt und man vergisst, dass es kein glückliches Mittel ist, Anderen zu gefallen und sie zu gewinnen, wenn man sich selbst so eifrig zu gefallen sucht. Es ist eine Kunst, gut zuzuhören und gut zu antworten.

FieteFöhr und Hoppel bieten dafür ein sehr gutes Beispiel.

Als Carolin von der Fähre hinunter geht, trägt sie unter dem Arm einen Weidenkorb. Er ist mit einem Kopftuch abgedeckt und Hoppel lugt hervor. Auf die mit leichter Verwunderung gestellte Frage eines Passagiers: „Wohin des Weges?“, antwortet Carolin ohne zu zögern: „Wir gehen zur Insel der Heiterkeit.“ Die Insel der Heiterkeit? Sie existiert, wenn auch manchmal, wie in Wyk auf Föhr, in nicht ganz idealer Form. FieteFöhr grüßt die angekommenen Neuinsulaner ein letztes Mal von einem dreieinhalb Meter hohen Baumstumpf. Hoppel ist jetzt sicher, hier die Heiterkeit seines Selbstes auch zu erfahren.

Herzlich
illkommen
Fiete
Föhr

Insel der Heiterkeit

Auf dem Sandwall bleiben die Löffelmanns kurz stehen und blicken noch der über das Meer nach Amrum weiterfahrenden Fähre nach. An bu-bu (bunter Buchladen) gehen sie in der Süderstraße am Fischgeschäft Lundt und an der Bäckerei des Urgesteins Walli vorbei, biegen kurz in die Badestraße und dann in die Rungholtstraße ein, in der sich ihre Wohnung befindet. Für eine Dachgeschosswohnung sehr hell, ein Schlafzimmer für die Eltern, neben dem Wohnzimmer noch ein kleiner Raum, ein Schreibtisch und zwei Betten im Spitzboden. Er ist über eine handwerklich gut angefertigte, nicht knarrende Holztreppe vom Wohnzimmer aus zu erreichen. Hier hat Hoppel seinen Platz gefunden. „Die Abendsonne vergoldet den Tag“ denkt Hoppel. In der Nacht leuchtet der Mond durch das kleine dreieckige Dachfenster. Dunkelheit und Waldeseinsamkeit sind Geschwister, denkt Hoppel. Ganz besonders die Mondnacht bekommt hier ihren eigenen Stimmungs- und Gemütswert, voller Sehnsucht in sein Selbst hin und hineinzuschauen, um sich darin zu entdecken. Hoppel erinnert sich an das Märchen „Der Mond“ von den Brüdern Grimm.

Vier Wanderburschen stehlen in einem fremden Land den Mond und hängen ihn an einen

Eichenbaum ihrer Heimat, um für sein Licht jeden Monat einen Taler zu kassieren. Beim Tode nimmt jeder ein Viertel des Mondes mit sich ins Grab und auf der Erde erlischt er. In der Unterwelt jedoch weckt das Licht die schlummernden Toten. Sie beginnen derart zu feiern, dass Petrus sich genötigt sieht, vom Himmel herabzusteigen, die Ordnung wieder herzustellen und zu guter Letzt den Mond wieder an das Firmament aufzuhängen.

Der Mond als nachdenkliches Gleichnis, als Spiel um Licht und Schatten, von der Vergeblichkeit menschlichen Bemühens, die Weltordnung zu stören, zugleich aber auch eine Parabel vom Geborgensein in eben dieser Weltordnung. Weiter kommt ihm „Peterchens Mondfahrt" in den Sinn.

Der Ahnherr vom Maikäfer Sumsemann hat sein sechstes Bein verloren, als ein Holzdieb seinen Baum gefällt hat. Dafür hat die gute Nachtfee den Bösewicht samt Beinchen auf den höchsten Berg des Mondes verdammt und die Sumsemanns haben seitdem nur fünf statt sechs Beine. Peter und Anneliese überlegen nicht lange: das Beinchen muss wieder her. Flugs bringt Sumsemann den beiden das Fliegen bei. So begeben sie sich auf eine abenteuerliche Reise, bei der ihnen Naturgeister, wie die gute Nachtfee, der Sandmann, der Donnermann, die Windliese, die Wolkenfrau, die Blitzhexe, der Regenfritz und noch viele andere hilfreich zur Seite stehen.

Auch in Theodor Storms Märchen hilft der Mond dem kleinen Häwelmann seinem Tatendrang nachzugehen. *Über einen langen Mondstrahl durch das Schlüsselloch gelangt der kleine Häwelmann zum Haus hinaus. In der Stadt begegnen sie dem goldenen Hahn auf dem Glockenturm, fahren zum Stadttor hinaus, über das Feld in den dunkeln Wald hinein. Der gute Mond hat große Mühe, zwischen den vielen Bäumen durchzukommen. Im Wald ist jedoch nur eine kleine Katze. Deshalb will der kleine Häwelmann über die Heide bis ans Ende der Welt und dann gerade in den Himmel hinein. Hier ist es lustig. Alle Sterne sind wach und funkeln, dass der ganze Himmel blitzt. Mit seinem Rollenbett fährt er in den hellen Haufen hinein, und zwar so, dass die Sterne links und rechts vor Angst vom Himmel fallen. Zu guter letzt ist es dann die Sonne, die gerade aus dem Meer heraufkommt. Sie nimmt den kleinen Häwelmann und wirft ihn mitten in das große Wasser, wo er schwimmen lernen kann.*

Wie im Leben fast eines jeden Menschen sind der Mond und die Gestirne auch Hoppels heimliche und zugleich unheimliche Begleiter seines Lebens - im besten Sinne des Wortes.

Am nächsten Morgen kommt Hoppel auf dem Weg zum Südstrand am fast vierhundert Jahre alten Haus Oelsen vorbei. Es ist das älteste nordfriesische Haus, das man durch ein Tor aus Unterkiefern eines Pottwals erreicht. Am Strand angekommen, fallen ihm im Meer die etwas groß geratenen Maulwurfshügel am Horizont auf. Es sind die Halligen, nicht eingedeichte fruchtbare Marschinseln im Wattenmeer. Von ehemals über fünfzig sind heute noch zehn übriggeblieben. Mit Kapitän Jensen nimmt er an Wattwanderungen teil, kommt nach Liinsand, eine Mutterbank für Seehunde, erfährt Dinge über die Ursprünge der Seefahrt und den Deichbau, folgt den Spuren des Wattwurms und anderer Tiere und Pflanzen. Das Wattenmeer an der Nordseeküste ist eine der letzten großen Naturlandschaften in Mitteleuropa. Hoppel fühlt so etwas wie zu Hause angekommen zu sein.

Mit dem Fahrrad vorbei am Flughafen, den Orten Greveling, Bredland, Nieblum und dem Goting Kliff erreichen sie Utersum am Ende des fünfzehn Kilometer langen Südstrands der Insel Föhr. Sie spazieren eine Weile über den hohen Deich. Würde dieser nicht existieren, wäre die Insel Föhr wahrscheinlich nur halb so groß oder würde vielleicht gar nicht mehr existieren. Auf dem gleichen Weg fahren sie wieder zurück, bis sie in Nieblum an dem kleinen Strand-Kiosk Halt machen. Der Vater trinkt hier zur Belohnung für seine sportliche Leistung ein Hefeweizenbier, das vor der Einführung des Euros einen „Heiermann", also fünf Mark gekostet hat.

Das Fünfmarkstück galt bis vor dem Ersten Weltkrieg als übliches Handgeld für angeworbene Seemänner, womit der Dienstvertrag verbindlich wurde. In Heiermann steckt der Begriff Heuer, der Lohn des Matrosen. Der zweite Teil, das Anhängsel „-mann", bezeichnet in der Umgangssprache auch Gegenstände und Sachen, wie den Flachmann, eine kleine Flasche aus Glas oder Metall, in der Schnaps gluckert. Auch wenn heute kaum noch einer weiß, woher das Wort für den Fünfer kommt, wird es noch immer benutzt. Selbst der Euro scheint dem Heiermann nichts anhaben zu können.

Globalisierung

Als die Löffelmanns abends in der Pinte am Sandwall sitzen, blättert Hoppel in der Tageszeitung. Neben ihnen sitzen ein paar Föhrer am Tisch, die ganz entspannt über die Verbesserung des Fremdenverkehrs laut ihre Gedanken schweifen lassen.

„Orientierungslos auf der A1", ist im Insel-Boten zu lesen. „Auf der Autobahn 1 ist gestern ein Privatflugzeug vom Typ Cessna notgelandet. Gestartet auf Föhr, habe der siebzigjährige Pilot die Orientierung verloren und schließlich keinen Treibstoff mehr an Bord gehabt. Er benutzte eine abgesperrte Autobahn-Baustelle als Notlandebahn." Udo Lindenberg will Präsident werden, wird weiter berichtet. Seit zwei Jahren im Trockendock, den Alkohol-Exzessen abhold, hat er kühne Pläne – Bundespräsident will er werden. Johannes Rau wisse schon Bescheid und sei einverstanden. Der nächste Präsident sollte nicht aus der Berufspolitik, sondern aus der Phantasterei kommen - die Bundesrepublik als „bunte Republik". So prangen etwa von Lindenberg poppige Farben auf Leinwänden am Reichstag und dem Brandenburger Tor.

Weiter liest Hoppel über die EU-Förderung der Regionen. Die Beteiligung aller relevanten gesellschaftlichen Gruppen zur Erstellung von Zielen und Strategien zu eben dieser Zielerreichung ist hier Gegenstand des Artikels. Die Menschen der entsprechenden Region sollen über die Zukunft ihres Ortes mitentscheiden, weg von der reinen Agrarförderung und Dorfverschönerung. „Der Einzelne vermag ganz offensichtlich aus seiner Kenntnis der örtlichen Verhältnisse weit besser zu beurteilen, als es irgendein Staatsmann oder Gesetzgeber für ihn tun kann, welcher Erwerbszweig im Lande für den Einsatz seines Kapitals geeignet ist und welcher einen Ertrag abwirft, der den höchsten Wertzuwachs verspricht." Schon Adam Smith, der Vater der Globalisierung im positiven Sinne, schrieb dies im Jahre 1776. Auch weiß dies bereits der Wirt der Pinte, denn sein Service ist angenehm und kundenorientiert, auf das Blühen und den Wertzuwachs seiner Kneipe bedacht.

Der Norden hat sich als Grenzregion, wie auch an den Küsten generell, nie gegen internationale Beziehungen und Kontakte abgeschirmt. Auch im Global Village des 21. Jahrhunderts braucht die Lebensführung von Menschen konkrete Orte, an denen sich Leben vollzieht, an denen Erinnerungen haften, Traditionen sich bilden und Loyalitäten wachsen. Die Globalisierung kann nicht ungehemmt weiter gehen - für eine Marktwirtschaft, aber gegen eine Marktgesellschaft sein - denn nur unternehmerisches Handeln bringt wirtschaftlichen und sozialen Fortschritt. Für Smith hat der Staat die Aufgaben, dem Markt durch die Justiz und ebenso durch das Militär seine Spielregeln festzusetzen und außerdem einige klar abgegrenzte öffentliche Güter bereitzustellen: Verteidigung, Verkehrswege und Bildung. Die Wirtschaft hat es mit einer Politik zu tun, die ihre Aufgabe und Verantwortung nicht global bestimmen kann. Nur die Welthandelsorganisation hat globale Regeln zu schaffen und auch deren Einhaltung zu überwachen. Das Problem liegt weniger bei den Unternehmen als bei den Staaten.

In der Industriegesellschaft konnte man früher Konkurrenten mit Hilfe von besserer Qualität und Produktivität jederzeit angreifen. In der neuen Wirtschaft dagegen wächst der Wissensvorsprung des Branchenersten immer schneller, wie bei Microsoft und SAP. Diesen Wissensvorsprung kann die Konkurrenz durch effizientere Methoden kaum aufholen. Wenn heute Internet-Unternehmen, wie Amazon, den anderen davoneilen, ist auch eine besonders hohe Bewertung der Aktien gerechtfertigt. Amazon könnte in 30 Jahren der neue General Motors der Vereinigten Staaten sein. Der neue Unternehmertyp ist entspannt und gleichzeitig hochkonzentriert bei der Sache. Man könnte auch sagen, genauso wie der erfolgreiche Bauer im Hunsrück, in der Eifel oder im Bayrischen Wald es einstmals war; heute ist es der kundenorientierte Insulaner. Die Rückbesinnung auf alte Werte und Traditionen ist es also, denn Gefahr stellt sich ein, in dieser schnellen Welt zu glauben, die Probleme durch ganz einfache Rezepte lösen zu können.

Hoppel geht in die Luft

Nach dieser hohen Sicht der Dinge, die man nur belächeln kann, wenn man über ihnen steht, setzen sie am nächsten Tag in einer viersitzigen Cessna, auf dem Rücksitz Hoppel und Carolin, vorne der Vater und der Pilot, zum nächsten Höhenflug an. Sie heben ab, fliegen über Bi de Wyk hinaus über die Nordsee. Der Vater und der Pilot haben sofort, wie dies bei Männern so üblich ist, die Köpfe zusammengesteckt. In etwa fünfhundert Metern Höhe fliegen sie mit einer Geschwindigkeit bis zu zweihundert Kilometer pro Stunde. Hoppel hat den Eindruck, sie würden langsam, wie in einem Traum, an einem Ballon über das Meer gleiten, wenn nicht der laute Motor des kleinen Flugzeugs wäre. Das Meer mit seinen Inseln und Halligen sieht aus wie die Vollkommenheit selbst. Ruhe durchströmt Hoppel. „Von was leben denn die Menschen dort unten?“, fragt der Vater, als sie über die Hallig Langeneß fliegen. „Von Genügsamkeit“, antwortet schmunzelnd der Pilot, ein ruhiger, sympathischer rothaariger Mitfünfziger. Vor der Insel Pellworm biegen sie nach rechts ab, gleiten über die Hallig Hooge, dann über die Insel Amrum und weiter über Hörnum auf Sylt. Hier biegen sie wiederum nach rechts, fliegen über die

Insel Föhr um wieder auf dem Flugplatz in Wyk, wie auf einem weichen grünen Teppich zu landen.

Als der Urlaub zu Ende geht und Hoppel auf dem Weg zur Fähre ist, trifft er FieteFöhr und erzählt ihm von seinen Erlebnissen. FieteFöhr schmunzelt ein wenig und ist sich sicher, seinen interessanten Gesprächspartner bald wieder zu sehen.

Das verspannte Gesicht des Mitdreißigers, das etwas krampfhafte Festhalten mit den Händen an den Armlehnen des Sitzes, macht Hoppel nachdenklich, aber nur einen Augenblick. Hoppel kann sich in seine Gemütslage gut hineinversetzen. Der junge Mann hat sich, im Gegensatz zu ihm, wahrscheinlich auf diese Situation gedanklich nicht eingestellt. Aus seinem Käfig heraus, den Carolin auf ihrem Schoß hat, kann er die etwas ängstlichen Gesichtszüge gut beobachten. Langsam werden sie etwas entspannt.

Hoppel schaut aus dem kleinen Fenster und genießt den schönen Ausblick bei herrlichem Sonnenschein. Das erste Mal sieht er die Erde von ganz weit oben, aus einer Entfernung, die ein Hase ungefähr pro Tag auf seinen Pfoten zurücklegt, also aus ungefähr zehn Kilometern Höhe. Die weißen Wolken sehen hier wie ein großer, weicher samtener Teppich aus, wie ein riesengroßes nicht enden wollendes Bett aus Daunenfedern. Durch die Löcher dieses Himmels schaut er auf die Erde, die so aussieht, wie ein Modell der Landschaft, auf dem die Spielzeugeisenbahn des Nachbarjungen Marco ihre Runden dreht. Der Ausblick aus dem Fenster hat schon etwas Märchenhaftes. Jetzt kann er die Diskussionen um den Umweltschutz auch verstehen, denn Abgase, auch der Flugzeuge, beeinträchtigen die Atmosphäre der Erde.

Die kurzwelligen Sonnenstrahlen durchdringen die Treibhausgase, insbesondere das CO_2. Sie wandeln sich an der Erdoberfläche in Wärmestrahlung um. Die aufsteigende langwellige Wärmestrahlung durchdringt das CO_2 nicht, verbleibt in der Atmosphäre und heizt diese auf. Damit ist der Treibhauseffekt eingetreten.

Das CO_2, wie auch andere Klimagase, ist besonders kritisch zu bewerten, da es eine Verweildauer in der Atmosphäre von zwanzig bis neunzig Jahren hat. Auch der harmlos erscheinende Wasserdampf, als Kondensstreifen sichtbar, trägt in großem Maße zum Treibhauseffekt bei. In einem Temperaturbereich zwischen minus vierzig bis fünfzig Grad gefriert das Wasser zu Eiskristallen, den sogenannten Zirren. Wegen des geringen Luftaustausches verweilen diese Zirruswolken bis zu zwei Jahren in der Stratosphäre und reflektieren die Wärmestrahlung zurück zur Erde. Der Atlantik hat sich vor der europäischen Küste um ein halbes Grad Celsius aufgeheizt. Die Winterperiode in Mitteleuropa tritt drei bis vier Wochen später ein, die Niederschläge haben um zehn bis vierzig Prozent zu, in Südeuropa um zwanzig Prozent abgenommen und die Gletscher sind um zehn Prozent abgeschmolzen. Nicht die Erde, sondern der Himmel wird die Verbrennung fossiler Energiestoffe begrenzen. Ökonomisch gesehen entsteht alle zwei Jahre in China ein neues Japan. Angesichts dieser Lage hilft nicht das Drei-Liter, sondern nur noch das Null-Liter-Auto, gespeist aus nicht fossil erzeugtem Wasserstoff. Der Ausbau der erneuerbaren Energie könnte weltweit ein Drittel bis zur Hälfte des Energieverbrauchs abdecken. Aufgrund dieser Entwicklung könnte eine Zeit der naturwissenschaftlichen Pioniere und Ingenieure anbrechen, die Technologien zur Gewinnung von Solarenergie und auch Fusionsenergie, den Prozess der Sonne nachahmend, entwickeln.

Das Flugzeug setzt auch schon wieder zur Landung an. Der junge Mann ist nicht mehr so angespannt wie bei dem Start. Nach einem kurzen Auslaufweg rollt das Flugzeug langsam zur Gangway. Auf dem Weg zur Passkontrolle spürt Hoppel die andere Atmosphäre auf dem Moskauer Flughafen, spürt die andere Welt, die er anders als in Deutschland empfindet. Scheremetjow, ein Graf, nach dem der Flughafen benannt ist, hatte zweihunderttausend Leibeigene. Erst im Jahre 1861 wurde die Leibeigenschaft abgeschafft, die bedeutete, dass diese Menschen im Besitz des Grafen waren und für ihn arbeiten mussten. Sie hatte keinen Anspruch auf Gehalt, konnten nicht, wann sie wollten, spazieren oder schwimmen gehen. Auch in die Schule wurden nur diejenigen Menschen geschickt, die der Graf für würdig hielt. Für Hoppel unvorstellbar, wo doch er selbst jetzt gerade mit dem Lernen der englischen Sprache begonnen hat. Englisch deshalb, weil dies heute auch die Sprache der Wissenschaft ist, wie es früher Latein war.

Sicherer Boden

Ljuba, die Reiseführerin, ein sehr fröhlicher Mensch, führt sie zu dem Bus, der die kleine Reisegruppe in das Hotel Kosmos, im Nordosten Moskaus gelegen, bringen soll. Bei der Einfahrt nach Moskau bemerkt Hoppel ein riesiges Denkmal, das an die vielen russischen Opfer des Zweiten Weltkrieges erinnern soll. Ungefähr fünfundzwanzig Millionen russische Menschen verloren in sechs Jahren Krieg ihr Leben, erzählt Ljuba, was Liebe oder die Liebende bedeutet. An das alte Wort „Bildung"; „das, was übrigbleibt, wenn wir vergessen, was man uns beigebracht hat", erinnert sich Hoppel; auf Ljuba trifft dies zu. Sie spricht auch über das vor ihnen liegende Programm, Besuche von Museen, Kirchen, den Kreml und seinen Schatzkammern, die Tretjakow Galerie und noch andere Sehenswürdigkeiten. Die Schatzkammer im Kreml, mit der Rüstkammer zeigt die Schätze, die Russlands Zaren und Fürsten in vielen Jahrhunderten angehäuft haben. Die eigentliche alte Rüstkammer musste 1960 dem Kongresspalast weichen. Das Gebäude, in dem die Schatzkammer heute untergebracht ist, wurde 1844 auf Wunsch von Zar Nikolaus I bereits als Museum konzipiert. Zugang haben Touristen nur als Teil einer Gruppenführung. Ein Besuch im Bolschoi Theater steht ebenfalls auf dem Programm. „Der goldene Hahn“ würde aufgeführt, eine Oper in drei Akten nach einem Märchen von Alexander Puschkin. Es ist die Geschichte eines hochmütigen Emporkömmlings, der alle Reichtümer gewinnt und doch nur dahinvegetiert. Sein Untergang geht einher mit dem der Frau, die er vernichtet hat und die im Tode ihn vernichtet.

Die Busfahrt durch Moskau empfindet Hoppel als schleppend. Ljuba jedoch erzählt, dass die Fahrt zügig verlaufe, weil viele Menschen die Stadt wegen des verlängerten Wochenendes verlassen hätten, um es auf dem Land in ihren kleinen Sommerhäuschen zu verbringen. In den Datschen, so heißen diese Holzhäuschen, ist es viel angenehmer als in der Metropole, wo die Sommer sehr heiß werden können.

Im Hotel angekommen, werden die Koffer von Gepäckträgern auf das Zimmer im achtzehnten Stock gebracht. Hoppel schaut aus dem Fenster. Über ihm sieht er ebenfalls noch einige Stockwerke. Dreitausendfünfhundert Menschen können in diesem Hotel wohnen. „Wenn Russen etwas machen, muss es immer riesig sein.“ Diese Aussage des Vaters fällt Hoppel wieder ein. Obwohl er zum ersten Mal in seinem Leben in einem Hotel ist, so erscheint ihm dieses Gebäude doch sehr, sehr groß. In dem Zimmer jedoch sieht es so aus wie in seinem Domizil zu Hause, wo er jetzt schon viele Jahre wohnt.

Die große Stadt

Das Abendessen nehmen die Löffelmanns in einem großen Saal ein, in dem nur wenige Menschen speisen. Dann gehen sie schlafen. Es ist eine unruhige Nacht, denn das warme Klima macht Hoppel zu schaffen. Am nächsten Morgen bietet sich zum Frühstück ein buntes Bild. Menschen aller Nationalitäten, Japaner, Franzosen, Engländer und Amerikaner sind zu sehen und zu hören. Das russische Brot schmeckt etwas anders als er es von zu Hause gewohnt ist, dennoch nicht schlecht. Viel Gemüse und Salate stehen auf dem Frühstücksbuffet, für ihn also ein Leibgericht.

Dann geht es in die Stadt zur U-Bahn. Die erste Linie wurde im Mai 1935 fertiggestellt. Heute sind es etwa einhundertfünfzig Stationen mit knapp dreihundert Kilometern Schienennetz. Es geht unendlich in die Tiefe, teilweise bis zu hundert Metern. Wie die Menschen so große Röhren unter der Erde verlegen konnten, ist für ihn nicht begreifbar. Laute Waggons fahren, in Spitzenzeiten im Fünfzig-Sekunden-Takt, in die Haltestellen ein. Mit lautem Knallen schließen die Türen und dann geht es mit einem ungeheuren Tempo mit der schnellsten U-Bahn der Welt durch die unterirdischen Tunnels. Hier fällt es

Hoppel zum ersten Mal auf, dass er gar nichts lesen kann. Die meisten Buchstaben sehen etwas anders aus, als er es aus Deutschland kennt. Kyrillische Schriftzeichen werden sie genannt. Sie wurden im Jahre 860 von den Aposteln Cyrillus und Methodius aufgestellt. Auf Befehl des Kaisers Michael sollten Kirchenbücher von griechisch in slawische Sprache übersetzt werden. Dieses kyrillische Alphabet wurde Grundlage für alle slawischen Sprachen.

Aus dem Lateinischen, die Sprache Roms und der umliegenden Provinzen, sind sämtliche romanischen Sprachen wie Italienisch, Französisch, Spanisch, Portugiesisch und auch Rumänisch hervorgegangen, die heute über die ganze Welt verteilt sind. In den Stürmen der Völkerwanderung kamen die Germanen in engere Berührung mit der römischen Kultur und mit den christlichen Lehren. Die Goten nahmen unter ihrem Bischof Ulfilas im vierten Jahrhundert das Christentum an. Er übersetzte das Neue Testament in das Gotische, möglicherweise auch das Alte Testament. Zu diesem Zweck musste er eine eigene Schrift und einen neuen Vorrat an Begriffen schaffen.

Das System der Moskauer Metro ist sehr einfach aufgebaut. Umstiege sind gekennzeichnet, ebenso die Ausgänge. Alle Stationen sind in großer Schrift an den Wänden aufgeschrieben, so dass man nur schwer in die falsche Richtung fahren kann. Ein einfaches, dennoch effektives System. Höchstens zweimal umsteigen und man gelangt an jeden Ort in dieser zehn Millionen Stadt.

Ljuba führt sie durch einige U-Bahn-Stationen, die in der Zeit, als der Diktator Stalin herrschte, gebaut wurden. Paläste des Volkes werden sie auch genannt, mit Marmor auf dem Boden und an den Wänden herrliche Deckengemälde mit den verschiedensten Motiven. Die Station Komsomolskaja dürfte wohl am meisten von Moskowitern benutzt werden, denn über dem Underground befinden sich drei große Bahnhöfe mit Verbindungen nach St. Petersburg, Jaroslawl und Taschkent. Die Mosaike an Decken und Wänden dokumentieren Stationen der russischen Geschichte von der tiefen Vergangenheit im 12. Jahrhundert bis Mai 1945. Beeindruckende Stuckarbeiten und riesige Kronleuchter unterstreichen den Palast-Charakter.

Blick zurück

Das größte russische Kunstmuseum ist die Tretjakow-Galerie in Moskau. Sie wurde 1856 vom Kaufmann und Mäzen Pawel Tretjakow als private Sammlung gegründet. 1892 wurde sie von ihm, zusammen mit der Sammlung seines Bruders Sergej Tretjakow, Moskau zum Geschenk übergeben und in der Folgezeit ständig ergänzt. In der Galerie sind unschätzbare Muster der altrussischen Ikonenmalerei. Ljuba erzählte sehr viel und Hoppel konnte wenig nachdenken, zu wenig, um alles zu verstehen. Hier reift zum ersten Mal sein Gedanke, so bald wie möglich wieder nach Moskau zu fahren, eine faszinierende Stadt.

Mitten auf dem Roten Platz steht das Leninmausoleum, benannt nach Wladimir lljitsch Uljanow, genannt Lenin, der 1870 als Sohn eines Schulrats geboren wurde. Schon früh wurde er ein Anhänger der Lehre von Karl Marx. Im Alter von siebzehn Jahren erlebte Lenin die Hinrichtung seines Bruders wegen revolutionärer Aktivitäten. Unter dem Eindruck dieses Ereignisses wandte sich Lenin ganz dem revolutionären Denken zu. Im Jahre 1893 ließ er sich als Rechtsanwalt in St. Petersburg nieder. Nach der Gründung einer sozialistischen Gruppe wurde

Lenin 1895 wegen der Verteilung von Flugblättern mit Streikaufrufen durch die Geheimpolizei verhaftet und für drei Jahre nach Sibirien verbannt. Danach musste er im Ausland leben, um seine politische Arbeit fortsetzen zu können. Von dort aus baute er die Russische Sozialdemokratische Arbeiterpartei mit auf. Als Führer der Bolschewiki griff er im April 1917 in die Ereignisse der russischen Revolution ein. Nach der Oktoberrevolution war Lenin bis zu seinem Tod im Jahre 1924 Führer der Sowjetunion, des ersten kommunistischen Staates. Nach seinem Tod wurde die Stadt Petrograd, der Name von Petersburg seit 1914, in Leningrad umbenannt.

Gegenüber des Leninmausoleums befindet sich das Kaufhaus *GUM*. Es wurde von 1888 – 1893 vom Architekten Pomeranzew im Auftrag des Zaren gebaut. Die Zeiten, in denen die Russen in langen Schlangen vor den Geschäften warteten und Waren oft nur über Beziehungen zu bekommen waren, sind endgültig vorbei. Im GUM ist fast alles zu bekommen, was das Herz begehrt. Aus den Zeiten der Sowjetunion, in der Menschenschlangen vor den Geschäften normal waren, erzählt man sich in Moskau die folgende Geschichte.

In einem kleinen russischen Dorf wird Geld gesammelt für den Einkauf in der großen Stadt und die Einkaufsliste zusammengestellt. Mit dieser Einkaufsliste und dem Geld wird ein Mann aus dem Dorf nach Moskau geschickt. Mit auf den Weg gegeben wird ihm noch, dass er in Moskau auf dem Roten Platz vor dem Geschäft in einer langen Menschenschlange stundenlang warten müsse; dies sei nun mal so. In Moskau angekommen, tat er so, wie ihm aufgetragen war und stellte sich in einer langen Schlange an. Als der Mann in sein Dorf in der Steppe zurückkommt, wartet man schon sehnsüchtig auf ihn. Dennoch wundern sich die Dorfbewohner, dass er aus Moskau mit leeren Händen zurückgekehrt ist, keine Lebensmittel mitgebracht hat, aber noch das ganze Geld. Jetzt werden die Dorfbewohner neugierig und fragten ihn, was sich denn zugetragen habe. „Ja, ich habe alles so gemacht, wie ihr mir gesagt habt. Als ich in Moskau ankam, stellte ich mich, wie erwartet, in die Schlange und musste sehr lange warten. Als ich endlich an die Reihe kam, war der Verkäufer tot“.

Dies ist eine typisch russische Geschichte, in der mit Humor die Versorgungsnotstände und der Leninkult aufs Korn genommen wurden. Auch sind die Menschenschlangen vor dem Leninmausoleum heute bei weitem nicht mehr so lang, wie in Zeiten der Sowjetunion.

Russische und deutsche Menschen

Hoppel und der Vater gehen in die Lomonossov Universität und treffen dort Professor Lugatschov. Mit ihm hat der Vater schon viele E-mails ausgetauscht. Jetzt wird es aber höchste Zeit, dass sich die beiden kennen lernen. Die geschriebene Sprache ist doch zu wenig. Menschen müssen sich auch begegnen, um sich richtig zu verstehen. Hoppel hatte sich russische Menschen immer anders vorgestellt, Professor Lugatschov aber sieht genauso aus wie Menschen, die er bis heute kannte.

Das Büro war nicht sehr schön und der Professor beschwert sich über die schlechten Voraussetzungen für Forschung und Lehre. Er erzählt auch von seiner Kindheit in dem kalten Sibirien. In einer Schule, in der er Deutsch lernte, wurde die Grundlage gelegt, um überhaupt Professor werden zu können. Hier lernte er auch, was die meisten Deutschen nicht wissen, wer der erste Präsident eines deutschen Parlaments modernen Zuschnitts wurde. Im Jahre 1793 war es Andreas Josef Hofmann, der am 18. März vom Balkon des Deutschhauses den rheinisch-deutschen Freistaat ausrief. Wie jeder der einhundertachtundzwanzig Deputierten, leistete er in Mainz den republikanischen Eid. Die Unabhängigkeit konnte nur kurz bewahrt werden. Nach der Kapitulation der Franzosen im Juli sorgten Preußens Truppen für die Auslöschung allen demokratischen Lebens. Während Fürst Metternich, der 1790 bis 1792 bei Hofmann in Mainz studiert hatte, die Restauration der Überkrustung Europas mit seiner Herrschaft unterstützte, blieb Hofmann seinen Überzeugungen treu. Dann der letzte und große Schmerz: die Revolution von 1848, die Niederlage ein Jahr später, in dem auch er stirbt. Auf die Erfüllung seines Wunsches, die letzte Zeile der Inschrift auf seinem Grabstein, dass sich die Hoffnung auf den Sieg des Rechts, der Freiheit und der Humanität erfülle, musste Deutschland noch warten – einhundertfünfzig Jahre zu viel.

Hoppel und der Vater verabschieden sich und sind von dem Gespräch noch ganz angetan. Sie philosophieren noch etwas über Ziele, die man sich im Leben setzen müsse, aber müsse auch wissen, was man stattdessen nicht tut. Dies hätte dann auch den Vorteil, dass man lebt und nicht gelebt wird. Dennoch ist nicht alles planbar, aber jeder ist grundsätzlich frei, kann sein Leben selbst bestimmen und ist auch für das verantwortlich, was er tut und natürlich auch für das, was er nicht tut.

Dann gehen sie noch mit Ljuba in eine typische russische Kneipe. Deutsche holen hier, wenn es ans Begleichen des Obolus geht, den Taschenrechner, um auszurechnen, was jeder bezahlen muss. Der Russe hingegen reißt sich darum, die Rechnung für alle zu begleichen, denn: „Unsere Seele ist weit!“ Und wenn gefeiert wird, dann richtig.

Dennoch beschreiben die Russen nicht nur sich selbst, sondern auch die Deutschen als hedonistisch. Allerdings gibt es hier einen feinen Unterschied. Die Deutschen können ihr Leben aufgrund des Wohlstands genießen. Demgegenüber ist der russische Hedonismus aus der Not geboren und trägt eher situationsbezogene Züge. Hoppel spitzt es auf die Formulierung zu: Deutsche sind Wohlstands-Hedonisten, weil sie es sich leisten können, Russen sind Augenblicks-Hedonisten, wenn sie sich sonst schon nichts leisten können. „Woher kommen diese Unterschiede zwischen Menschen, die in anderen Ländern groß geworden sind und dort leben?“, fragt sich Hoppel. Mehr als wir glauben wird unser Leben von stereotypen Bildern bestimmt, die wir uns von uns selbst und anderen machen. Sie sind auf der einen Seite Produkte direkter bzw. mittelbarer Erfahrungen und dienen auf der anderen Seite oft der Projektion und Abwehr von

Ängsten, Unsicherheiten und Aggressionen. Umgekehrt können sie aber auch Idealisierungs- und Abwehrbedürfnissen dienen. Solche stereotypen Bilder reduzieren aufgrund ihrer Funktion Komplexität, wehren Ängste ab und werden häufig als Klischees abgewertet. Gleichwohl sind sie kollektive Muster der Verhaltensorientierung, sollten ernst genommen und in ihrer Wirkung begriffen werden. Stereotypen und Vorurteile dienen der Abgrenzung des eigenen Ichs durch die Abspaltung und Projektion eigener ungeliebter Anteile auf andere.

Die Frau in der ehemaligen Sowjetunion wird zwischen Heim und Herd aufgerieben. Sie möchte eine liebende Frau sein, doch die Zeit reicht nicht einmal für die Kinder, geschweige denn für den Mann. Dennoch unterstützen deutsche mehr als russische Männer ihre Frauen bei der Hausarbeit. Wo sie mal eben schnell nebenbei und frei Schnauze einen Kuchen backt, ist ihre deutsche Kollegin ohne Rezept, Messbecher und Uhr meistens völlig hilflos. Die russische Frau träumt davon, schön zu sein, doch die Last des Alltags lässt sie vorzeitig altern. Die Arbeit aufgeben kann sie auch nicht, wovon soll sie leben? Ihr Traum: der absolute Überfluss von allem – *und es roch nach Bohnerwachs* – wie es in dem gleichnamigen Buch heißt, den Geruch, den sie aus ihrer Kindheit noch in der Nase hat. Es wird noch einige Generationen dauern, es bedarf noch vieler Kontakte und gemeinsamer Projekte, bis Russen und Deutsche sich verstehen werden.

Von den Leninbergen der Lomonossov Universität haben sie einen schönen Ausblick in die Innenstadt von Moskau und über das Fußballstadion hinweg. In dieser Nacht schläft Hoppel gut, weil das Fenster geöffnet ist und frische Luft in das Zimmer kommt. Den Lärm von der Straße hört er nicht, denn er ist hundemüde, so müde, wie ein Hase normalerweise gar nicht sein kann.

Am nächsten Morgen sind so viele Menschen im Frühstücksraum, dass sie warten müssen, bis ein Tisch frei wird. Wieder findet Hoppel köstliches Grün vor – ein herrliches Frühstück. Er muss aufpassen, dass er nicht zu viel isst. Denn es ist ein schwierig Ding, das Mittelding, weil auch hier der Genuss immer nur auf dem schmalen Grad von Vernunft und Unvernunft reift, vor rationalem Handeln und vor gedankenlosem Nichthandeln steht. Für den Tag hat er sich schon einiges vorgenommen und auf das Tagesprogramm gefreut. Mit zu vollem Bauch geht dies dann eben nicht mehr; aufhören, wenn es am schönsten ist.

Sie sehen noch viele Sehenswürdigkeiten. Dennoch kommt einmal der Abschied. An der

Zollkontrolle müssen sie die Koffer öffnen. Die Angaben über das Geld in der Zollerklärung stimmen nicht mit dem Geld im Geldbeutel überein. Die Zöllner jedoch sind sehr freundlich und halten diese Tatsache auch nicht für sonderlich wichtig. Sie suchen wahrscheinlich vordringlich nach Waffen oder Bomben. Daheim angekommen, ist Hoppel froh wie ein König – zu Hause ist doch zu Hause. Vielleicht sollte er beginnen russisch zu lernen, um sich ein wenig in der Muttersprache der Russen ausdrücken zu können, wenn er wieder nach Moskau fährt, denn dort will er unbedingt wieder hin.

Verkündigung

Wie viele Männer, so geht auch der Vater nach seinem Urlaub wieder ins Büro. Umstrukturierungen stehen an. Der Vorgesetzte vom Vater, Herr Ammond, ist nicht gut vorbereitet, sagt irgendwelche nicht zusammenhängende Worte und kritzelt einige Dinge auf das Flip Chart. Hoppel ist schon sehr verwundert. Je positiver das Vorbildverhalten der Führungskraft ist, umso stärker ist der Nachahmungszwang für die Mitarbeiter. „Davon hat Herr Ammond wahrscheinlich noch nichts gehört“, denkt Hoppel.

Die sogenannten selbsternannten Manager, die dieses Handwerk weder gelernt noch es je gut praktiziert haben, dennoch fest davon überzeugt, die Besten zu sein, hatten beschlossen, die Verkündigung der Umstrukturierungsmaßnahmen auf einen Freitagnachmittag zu legen. Damit hätten die Mitarbeiter nicht die Gelegenheit, sich mit anderen auszutauschen und sich gegenseitig auszuweinen, weil ja das Wochenende naht. Bis am Montag sei dann schon etwas Staub verflogen. Der Vater sagt nach dem Meeting zu Herrn Ammond ob dieser Begründung, dass er nicht nur ein Esel, sondern darüber hinaus auch noch ein alter Esel sei. Mitarbeiter sind keine tumben

Toren, sondern sie sind heute die bestausgebildeten Arbeitnehmer, die wir je hatten.

Die Frage ist offen, ob gute Absichten, gepaart mit Dummheit oder schlechte Absichten, gepaart mit Intelligenz, mehr Unheil in die Welt gebracht haben. Denn Menschen mit guten Absichten haben gewöhnlich nur geringe Hemmungen, die Realisierung ihrer Ziele in Angriff zu nehmen. Auf diese Weise wird Unvermögen, das sonst verborgen bliebe, gefährlich und am Ende steht dann der erstaunt verzweifelte Ausruf: „Das haben wir nicht gewollt!" Kurz gesagt: Man löst die Probleme, ohne an die zu denken, die durch die Problemlösung neu erzeugt werden. Man schüttet das Kind sozusagen mit dem Bade aus.

„Dennoch", sinniert Hoppel, „was soll's denn immer mit dem Denken?" Darauf kommt es doch gar nicht an. Wesentlich sind die Motive und Absichten, die hinter dem Denken stehen. Es kommt aber auf die guten Absichten alleine nicht an. Sie müssen begleitet sein von dem Vermögen, sie zu realisieren. Das Hegen von guten Absichten ist eine äußerst anspruchslose Geistestätigkeit. Mit dem Entwerfen von Plänen zur Realisierung der hehren Ziele sieht es anders aus - dazu braucht man Intelligenz. Die Hochschätzung der guten Absichten ist keineswegs angebracht, im Gegenteil. Hoppel verstand jetzt die sehr schroffe Bemerkung des Vaters gegenüber Herrn Ammond, die ihn den Arbeitsplatz hätte kosten können.

So wichtig es sein mag seine Arbeit zu tun, so wichtig ist es auch, sie richtig zu machen. Drei Grundprinzipien formen den Charakter der Arbeitswelt. Erstens bist du auf dich selbst gestellt. Es wartet keine Vaterfigur darauf, dich an die Hand zu nehmen. Das Unternehmen gibt dir eine Chance, alles andere liegt dann bei dir. Zweitens solltest du nichts für selbstverständlich erachten. In einer Welt, die sich pausenlos verändert, sind die Gewissheiten von heute die Absurditäten von morgen. Drittens schuldet dir niemand etwas. Die Ära, in der Unternehmen Sicherheit, Lebensstellung sowie regelmäßige Beförderung und Gehaltserhöhung boten, ist vorbei. Niemand ist verpflichtet, dir einen Lebensunterhalt, einen Arbeitsplatz oder irgendeine Garantie zu geben. Du bekommst nur das, was du verdienst. Du verdienst nur dein Brot über den Wert, den du erzeugst.

Ein sicheres Leben gibt es nicht, doch scheint ein sicherer Weg zu sein, sein eigenes Leben, sein Denken, die eigene Weiterbildung, die Weiterentwicklung von Fertigkeiten, seine Leidenschaften und seine Menschlichkeit in die eigene Hand zu nehmen.

Dass die Zukunft früher auch mal besser war, dies wusste schon Karl Valentin.

Nachwort

Kein Buch wird jemals fertig und während der Entstehung dieses Buches habe ich immer genug gelernt, um seine Unzulänglichkeiten zu sehen, wenn ich es jetzt der Öffentlichkeit übergebe. Die Entstehung dieses Buches hat ziemlich lange gedauert. Dennoch haben Annette und Carolin immer an den Abschluss geglaubt. Sie sind mittlerweile schon erwachsen und Hoppel ist in die Jahre gekommen. Er hat sein Leben genossen wie ein Festmahl. Mit der Familie und den Freunden hat er sich satt gelebt. Nicht mit einem gleichgültigen, sondern eher mit einem neugierigen Gefühl wartet er nun auf seinen Tod. Wenngleich der Wein des Lebens getrunken ist, macht sich auch etwas Wehmut bei ihm breit. Hoppel wird einige Menschen verlieren, deren Verlust er bedauert und auch betrauert, nicht nur betrauert, sondern die er auch vermissen wird. Es gab Undankbare, denen er Gutes getan hat, aber er war keinem schlechten Menschen verpflichtet. Hoppel hängt nicht mehr an seinem Leben, denn er hat es selbst gelebt und wurde nicht gelebt.

Wenn er noch einmal zu leben hätte – was würde er anders machen? Nicht das Gleiche, sondern sehr, sehr Vieles würde er anders machen. Kontrabass spielen würde er lernen. An einer Musikhochschule würde er seine Spielkunst verfeinern und das Absolvieren einer Meisterklasse würde ihn auf ein sehr hohes künstlerisches Niveau bringen. In kleineren Orchestern, aber auch größeren würde er musizieren. Sein Ziel wäre, Kontrabassstimmführer zu werden. Auch würde er eine Klasse von 15 Schülern unterrichten und seine Fertigkeiten dort gerne weitergeben. Am liebsten wäre ihm aber solistische Literatur aus vielen Epochen und Stilbereichen. Einige Jahre vor der Beendigung seiner aktiven beruflichen Laufbahn würde er anstreben, Generalmusikdirektor zu werden. Kammersänger wäre eine Alternative und auch die Auszeichnung bayerischer Kammersänger hätte ihn gereizt.

Geschichte spielt sich nicht nur auf einer höheren weltlichen Ebene ab, sondern auch und gerade in der persönlichen Sphäre, wo sie bedeutende Spuren hinterlässt. Nicht nur mir hat Hoppel tiefe Eindrücke geschenkt, sondern auch meinen Kindern, der Familie, Freunden, Nachbarn und Bekannten. Die Verarbeitung der Zeit mit meinen Kindern Annette und Carolin ist damit ein gutes Stück vorangekommen. Der sprechende Hase Hoppel begleitete mich mehrere Jahre und meine Kinder eine noch längere Zeit. Das Erzählen dieser wahren und erfundenen Geschichten war für mich eine wichtige Übung, die Integration meiner Identität weiter zu gestalten und zu festigen. Ich hoffe, auch bei Ihnen einige Saiten angenehm zum Klingen gebracht zu haben.

Sie, verehrter Leser und ganz besonders auch Sie verehrte Leserin, können mir gerne per E-mail (ugraeff@arcor.de) Ihre Gedanken und Impressionen mitteilen. Ich freue mich natürlich über positive Anmerkungen, versuche dennoch weise genug zu sein, nützlichen Tadel dankbar anzunehmen.

Frankfurt am Main, Januar 2022
Ihr Ulrich Gräff